Für

mit guten Wünschen von

Bibliografische Information der Deutschen Nationalbibliothek

Die Deutsche Nationalbibliothek verzeichnet diese Publikation in
der Deutschen Nationalbibliografie; detaillierte bibliografische Daten
sind im Internet über http://dnb.d-nb.de abrufbar.

Das Gesamtprogramm
von Butzon & Bercker
finden Sie im Internet
unter www.bube.de

ISBN 978-3-7666-0874-1

© 2007 Verlag Butzon & Bercker, 47623 Kevelaer, Deutschland
Alle Rechte vorbehalten
Fotos: Umschlag (Engel), S. 3, 18/19: Jörg Rose; Umschlag (Blumen), S. 6/7, 26/27: Getty Images;
Vor- und Nachsatzpapier, S. 8/9: Karl-Heinz Schlierbach; S. 4/5: Helge Ogan;
S. 10/11: Hans-Theo Janßen; S. 12/13, 14/15, 20/21, 24/25: Sibille Victoria Müller; S. 16/17: brandXpictures;
S. 22/23: Willi Rolfes
Umschlaggestaltung und Layout: Jennifer Janßen, Kleve

Franz Hübner

Engel mögen dich begleiten

Butzon & Bercker

Der Himmel segne dich

Mögen gute Freunde mit dir gehen
und zur rechten Zeit dir zur Seite stehen.

Mögest du immer wieder wissen,
dass du ein geliebtes Kind
des Universums bist.

Möge der Himmel dich segnen
– jetzt und zu jeder Zeit.

Berührung der Seele

Möge die Sonne des Tages
dich heute mit einem Lachen
begrüßen.

Möge die Sonne des Lebens
heute dein Herz erfreuen.

Möge die Liebe des Lebens
heute deine Seele berühren.

Ein Lächeln

Für dich sollen die Kinder
heute lachen,
dich sollen die Engel
heute bewachen.
Für dich soll der Himmel
heute strahlen
und dir ein Lächeln
ins Herz hineinmalen.

Öffnen für die Hoffnung

Möge die Liebe der Engel
unsere Herzen öffnen –
für die Menschen an unserer Seite,
für die Schönheit dieses Tages,
für die Hoffnung,
die mit jedem guten Gedanken
unsere Zukunft verändert.

Das Leben lieben

Vielleicht haben dich
Worte getroffen,
Ereignisse überrascht,
Menschen verletzt.
Vielleicht hat dich
das Leben enttäuscht.

Dennoch kannst du die Kraft finden,
dich wieder dem Leben zu öffnen,

und vielleicht den Mut finden,
wieder auf andere Menschen
zuzugehen.

Auf dass du in deiner Zukunft
mit Freundlichkeit,
mit Vertrauen und Freundschaft
beschenkt wirst und sagen kannst:
Ich habe das Leben wieder
lieben gelernt.

Ich wünsche dir

Ich wünsche dir, dass du
die Zeit findest, das Gute
in deinem Leben zu würdigen.
Ich wünsche dir, dass du die Muße hast,
die kleinen Augenblicke des Glücks
in deinem Alltag zu entdecken
– und dass du die Gelassenheit findest,
dem Leben immer wieder entgegenzulächeln.

Beschützt

Mögen alle Menschen,
die wir lieben, heute
von himmlischen Kräften beschützt
und auf sicheren Wegen
durch einen guten Tag
geleitet werden.

Wegbegleiter

Wenn Leid, wenn Sorgen
oder Krankheit dich plagen,
insbesondere an solch
schweren Tagen,
mögen gute Kräfte
dir zur Seite stehen
und liebevolle Freunde
ein Stück deines schweren
Weges mit dir gehen.

Deine innere Stimme

Im Vertrauen
auf deine innere Stimme
wirst du zur rechten Zeit
am rechten Ort sein
und die besten Entscheidungen treffen,
die dich deinen Wünschen,
deinen Träumen und deinen Zielen
ein gutes Stück näherbringen.

Engel an deiner Seite

Ich wünsche dir Kraft,
jeden Tag gute Gedanken zu denken.
Und ich wünsche dir Engel an deiner Seite,
die dich beschützen
und deine Wege sicher lenken.

Möge dein Engel dir helfen,
gerade heute all die kleinen Freuden des Alltags
zu genießen.

Einem Menschen wie dir
wünsche ich einen
liebevollen Engel,
der über deine Wege wacht
und der jeden neuen Morgen
mitten in dein Herz
hineinlacht.

Engel –
sind die Botschafter
des Herzens.

Kostbares schätzen

Wenn du jemandem begegnest,
zu dem du Vertrauen spürst –,
sei dankbar.

Wenn du jemandem begegnest,
der dein Vertrauen achtet
und als etwas Kostbares schätzt –,
dann bist du vielleicht
einem Engel auf Erden begegnet.

Wäre es nicht schön?

Wäre es nicht schön,
an jedem Tag ein Lächeln zu finden?

Wäre es nicht schön,
immer genug Zeit zu haben,
um dieses Lächeln weiterzugeben?

Wäre es nicht schön,
wenn unsere Welt von Tag zu Tag
ein wenig heller würde?

Sanftmut

Ich wünsche dir,
dass die Liebe
in deinem Leben
die Siegerin bleibt,
denn ihre Sanftmut
wird letztlich
jede Härte überdauern.

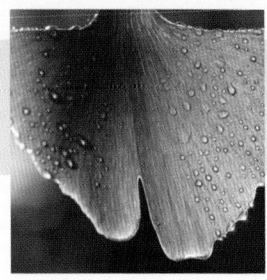

Vergiss die Freude nicht

Manchmal verläuft die Spur des Lebens
nicht so, wie wir es uns wünschen.
Dass du trotz allem nicht verzagst,
dass du im Alltag nie die Freude
vergessen magst –,
das wünsch ich dir von ganzem Herzen.

Einen Gedanken weit

Dein Engel
ist immer nur
einen Gedanken weit
von dir entfernt.

Es gibt Engel,
die lachen so schön – wie du!

Wenn du
auf die Stimme
deines Herzens hörst,
spricht dein Engel
zu dir.

Engel mögen dich begleiten,
jetzt und heute,
in guten wie
in schwierigen Zeiten.